ISBN 978-2-244-49145-5

Juliette

à la cantine

Texte et illustrations de
Doris Lauer

Éditions Lito

-À la cantine, c'est pas bon! Je veux manger à la maison! dit Juliette peu après la rentrée.
-Mais c'est impossible! dit papa. Et maman ajoute: -J'ai vu les menus bio affichés devant ton école, ils sont bien équilibrés. Tu vas t'y habituer.

Pour aller à la cantine, la classe de Juliette doit se ranger en file indienne direction les lavabos. - On se savonne bien les mains pour chasser les microbes ! disent Anna et Nadia qui aident la maîtresse.

«On se dit bon appétit, merci!» chantent les enfants une fois assis. Juliette aime bien être désignée pour remplir la carafe d'eau. Elle demande: - Qui en veut? Mais elle n'entend pas de réponse. Ça chahute, ça rigole. Quel brouhaha!

Nadia et Anna aident à nouer les serviettes et servent les entrées : oeufs mimosa et carottes rapées. Léa a déjà fait une bêtise et Emma s'énerve : - Qui a piqué mon pain ? - C'est vrai que les carottes, ça rend belle ? demande Juliette à Anna.

Il y a souvent de la viande à la cantine. Juliette n'aime pas ça. Elle mange ses légumes et donne sa part de rôti à Lucas. Jules fait le clown et tout le monde rigole. Juliette aussi !

-J'en veux pas, du gloubi-boulga ! dit Zoé qui déteste la ratatouille. Et le petit Hugo, il ne sait pas couper sa viande ! -Bon, je vais t'aider ! propose Juliette. Mais Nadia arrive à temps. Et puis, Juliette préfère finir les légumes de Zoé.

Parfois, il y a de la mousse au chocolat au dessert. Miam, Juliette adore ça. - Tu manches pas ta mouche? demande-t-elle à Tessa qui joue avec sa cuillère. - Non, prends-la! Avec un sourire moustache au chocolat, Juliette dit : - Merci ! Tu es très gentille. Je veux être ton amie !

Un soir, à la maison, papa et maman demandent : - Ça va mieux à la cantine, Juliette ? - Oui ! Des fois, c'est même très bon !
Les parents sont étonnés. Alors Juliette ajoute :
- Dans ma cantine, on s'amuse bien !
Et rigoler, moi ça me donne très faim !

www.editionslito.com

Lito - 41, rue de Verdun 94500 Champigny-sur-Marne
Imprimé en UE
Loi n° 49-956 du 16 juillet 1949 sur les publications destinées à la jeunesse
Dépôt légal : juillet 2015

Juliette
fait des bêtises

Juliette
est malade

Juliette
va à l'école

Juliette
chez papy et mamie

Juliette
fête son anniversaire

Juliette
va au cirque

Juliette
fait des courses

Juliette
pique-nique

Juliette
fête Noël

Juliette
est amoureuse

Juliette
au zoo

Juliette
fait sa toilette

Juliette
fait un gâteau

Juliette
fait de la musique

Juliette
fait un cauchemar

Juliette
et son papa

Juliette
et sa maman

Juliette
et sa copine

Juliette
fait du vélo

Juliette
jardine

Juliette
apprend le pot
à son petit frère

Juliette
veut un chien

Juliette
fait du camping